JN408953

시향에 젖어 꿈을 펼치다

왕십리문학 2018 제2호

시향에 젖어 꿈을 펼치다

왕 십 리 문 학 회

도서출판 천우

한 편의 시에 응축된 시인의 삶

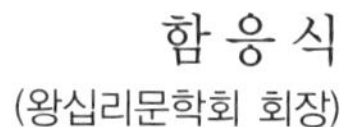

함 응 식
(왕십리문학회 회장)

왕십리문학회에서 함께한 지 삼 년의 시간이 흘렀다. 2015년 봄에 『봄바람 시바람』으로 첫 번째 작품집을 선보인 후 삼 년 만에 두 번째 작품집을 내게 되었다. 하나의 글이 활자 되어 우리 앞에 나타나기까지 적게는 오십 년 많게는 팔십 년이라는 긴 세월 동안 마음속에서 자랐다. 긴 인고의 세월을 기다려 오늘에야 세상과 대면하게 되었다.

한 편의 시 안에는 시인의 온 삶이 응축되어 있다. 삶에서 느낀 아픔과 기쁨이 사유를 통하여 사물과 어우러져 한 편의 글로 탄생하였다. 사물과 대화하며 나를 돌아보게 되고, 주변을 보듬을 줄 아는 넉넉한 마음도 생겼다.

사물은 끊임없이 세상을 향하여 말하는데, 그 말을 들어줄 사람이 없어 얼마나 답답했을까. 사물도 시인을 만나 숨통이 트였을 것이다. 나의 말에 귀를 기울여주고 내 말을 세상에 전해주는 사람을 만나게 되었다고 기뻐하고 있지 않을까?

사람 사이에도 말이 통하지 않는 경우가 많다. 자기 생각만 옳다고 주장하다 보면, 남의 말에 귀 기울일 여유가 없다. 조금만 내 생각을 접고 세상에 귀 기울이면, 조금 더 넉넉한 마음으로 살아갈 수 있을 텐데. 내 생각에만 파묻힌 눈과 귀가 아무것도 보지 못하고 듣지 못한다면, 그 삶은 암흑 속을 헤매는 삶일 거다.

사물과 대화하기를 좋아하는 사람들이 모여, 세상에 내놓은 이야기를 모두가 공감할 수는 없겠지만, 그래도 누군가 공감해준다면 행복을 느낄 것 같다.

무언가 세상에 내보낸다는 것은, 언제나 두려움이 앞선다. 그러나 용기를 내어 왕십리문학회 두 번째 작품집 『시향에 젖어 꿈을 펼치다』를 내보내기로 했다.

오늘 이 시들이 탄생하기까지 끊임없는 지도를 해주신 윤제철 교수님께 감사드리고, 혼자서는 갈 수 없는 이 길을 끊임없이 노력할 수 있도록 서로를 격려해준 왕십리문학회 회원들의 끈끈한 우정에 고마움을 전한다.

2018년 3월

죽는 그날까지 가슴에 담을 불씨

윤 제 철
(성동구민대학 시 창작 교실 지도교수)

동인지란 경향이 같거나 뜻을 함께하는 문인들이 모여서 편집하고 발행하는 잡지를 말한다. 소월아트홀 강의실에서 2013년 3월에 강의를 시작해서 만 5년이 되어가는 성동구민대학 시 창작 교실 회원이면서 작품을 낼 수 있는 역량을 갖춘 분들이 뜻을 모아 발간하는 동인지가 『왕십리문학』이다. 벌써 제2호를 발간하겠다는 소식을 듣고 반가웠다.

시는 정서나 사상 따위를 운율을 지닌 함축적 언어로 표현한 문학의 한 갈래라는 사전적 설명으로 표현된다. 말할 수 있는 사람이면 누구나 쓸 수 있다는 신념을 갖고 강의실을 찾으신 회원님들의 용기에 박수를 보냈었다. 그리고 그 꿈을 이루신 분들이 많아지고 있다는 것은 실로 놀라운 일이다.

우리는 서로 상호 간에 소통을 위해 강의 시간 중간에 휴식시간이나 강의가 끝나고 꽤 긴 티타임을 갖는다. 남녀노소를 불문하고 회원 간에는 자연스럽게 형 동생, 언니 동생이 되었다. 창작을 통해서도 작품에 대한 의견을 주고받게 되었다. 이제 문학의 싹이 튼 것이다.

등단을 하신 분들까지 창작 의욕을 고취시키고자 참여하고 있다. 그리고 왕십리문학회를 만들어 울타리를 쳐놓고 있다. 함께하고 있는 인연을 유지하고 끊임없는 창작 활동을 이어나가고 싶은 열정의 심지에 불을 붙이고자 하는 것이다. 시 창작은 정답이 없고 완성이 없다. 죽는 그날까지 가슴에 담고 있는 불씨를 꺼트리지 않고 보다 크고 밝게 살려보겠다는 사명감으로 세워놓은 목표가 있다.

우리는 또 다른 하나의 이정표를 만들고자 한다. 『왕십리문학』 제2호, 두고두고 보아야 할 하나의 징검다리다. 보다 알찬 내용으로 담아 다음번에 내는 동인지의 터전이 되어야 한다. 동인지 발간을 축하드리고 중심이 되어 애쓰신 임원진과 회원 여러분께 감사드리며, 건강과 평안 그리고 문운을 빈다.

사랑의 세레나데

金天雨

물이 돌고 돈다면
몇 천 번을 돌아야
그대 가슴에 닿으리
물보다 더 먼저 취하는
그대 사랑을 물굽에 띄워 보내리

꿈결에 눈물로 얻은 시(詩)
흐르는 물 속에 담아 보내건만
내 안의 사랑이 하늘의 별이라면
그대 앞에 멈추었을
이 한 잔의 술

시인 · 문학평론가. 월간 『문학세계』 · 『시세계』 발행인, 도서출판 천우 대표, (사)세계문인협회 이사장, (주)천우미디어그룹 대표이사. 시집 『고백』 『내 안의 그대를 위한 연가』, 칼럼집 『오솔길, 사람 사는 세상에서』 『그린 에너지 시대의 행복 세상』, 에세이집 『은사시나무의 추억』 외 다수.

나의 길

윤제철

모르는 길을 찾아가는 길은
눈을 감고 가는 길
물어서 갈 수는 있어도
어설프기만 한 길이다

알려주는 대로 가지만
잘못 알아듣거나
잘못 찾는 건 당연하다

자꾸 물어나 본다지만
제대로 가는 건지
알 수는 없어도 가야 한다

내가 가는 이 길이
가고 싶은 곳까지 가는 것일까
지도라도 있으면
방향이나 잡겠지만
간 길을 다시 보고
기억하며 가는 길이다

가다가 지치면 주저앉는 길
편하게 지낼 수 있는 길
내가 살고 있는 길이다

(사)세계문인협회 부이사장. 한국현대시인협회 이사. 광화문사랑방시낭송회 회장. 월간 『문학세계』· 계간 『시세계』 편집주간 역임. 성동구민대학 시창작반 강사. 시집 『고향생각 한 잎』 『꼭 끼는 삶의 껍질』 『내가 앉힐 공간 하나』 『가려지지 않는 흠집』

호(號)는 春日
인천 강화군 출생
계간 『시세계』 시 부문 등단(2015년)
문학세계문인회 정회원
성동구민대학 시창작반 회원
왕십리문학회 회원
okja4725@hanmail.net

김옥자

문소리 외 6편

春日 김옥자

해마다 정월 초닷새 날부터 농번기 때까지 저녁만 되면 언니 오빠들과 달밤에 술래잡기 줄다리기 영차 영차 왁자지껄 할 땐 풍유산 메아리도 한몫했지

할머니가 대문을 잠가도 담 넘어 들어가 윷놀이 게임하다가 지는 편이 노래하기 옥례의 절절한 음색으로 모두의 마음은 녹아내렸지

정자 민자 숙자 언니들 얼러리 꼴러리 바람났다고 소문이 짜르르 새침데기 골로 빠졌다며 여기저기 수근수근 어르신들 가문에 먹칠한다며 노발대발했지만 세 쌍이 결혼 성공했지

시간 가는 줄 모르고 놀다가 가로등도 없는 어둠이 깔린 새벽 쪽대문 살며시 여는데 삐거덕— 살금살금 떨리는 손으로 미닫이문 드르륵 아버지 헛기침 소리 깜짝 놀랐지 엄하게 키우셨던 그 세월이 흘렀건만 꿈에도 잊지 못할 아련한 그리움

안전이 제일

비 오고 화창한 날
거북이가 운동하러 나왔다

지렁이가 느릿느릿 기어가는 거 보고
야, 타!

굼벵이가 대굴대굴 구르니
아이고 답답해 언제 가니
야, 타!

생김새는 달라도 행동은 똑같다

세월이 좀먹으랴
서둘지 말고 차분히

오 분 빨리 가려다가
삼십 년 먼저 갈지 몰라
안전이 제일이야

사계절

엄동설한에는 꿈도 못 꾸던 딸기를
세상이 좋아지면서
하우스 덕분에 먹을 수 있다

사과는 자기가 최고라며 자랑하는데
나만큼 큰 놈 있으면 나와 봐
수박이 갈증 해결해 준다며 큰소리 쾅쾅

귤 포도는 당도가 높다며
천도복숭아는 열이 천 도나 된다고
뻥 잡는다

방울만 한 대추가 제사상 보약 등등
감초처럼 어디든지 잘 어울린다며 방방대고

옹기종기 앉아 서로 인기가 좋다고
이야기꽃이 피는 과일가게

충주호

수안보 한전연수원 근처 가면
망개떡 망개떡 사세요
메아리 퍼진다

유람선 타고 한 바퀴 돌면
시원한 공기 한 아름 안고
눈과 마음이 즐거워라

신록의 향기 가득한
월악산 송계계곡 바위를
깨끗이 씻으며 흐르는 물

바람 친구와 쓰러질 듯 말 듯
감미로운 음악 소리로 들리고
산세가 아름다운 녹색 빛깔 나무들

눈 추억 속으로

어젯밤 잠든 사이에
온 세상이 백발이 돼서
친목회도 취소됐네

나무마다 상고대 모양이
제각각 요상하게 생긴 그림 같은 설경

능수버들 늘어진 가지
몽실몽실한 솜사탕
누가 장식해 놓았을까

태양이 떠오르고 훈풍이 불면
양지바른 장독 뚜껑 소복소복
호빵에 김이 모락모락 올라오네

뒷동산 눈 속에 샛노란 복수초꽃
얼굴만 내밀고 방긋 웃으며

강화 고려산

붉게 물든 꽃바람 안고
언덕 오르느라 거친 숨 가빠도
기쁜 마음 어쩔 줄 몰라
입을 못 다무는구나

비단에 수를 놓은 것처럼
아름다운 고려산 철쭉꽃 환상이로구나
높고 맑은 신선한 공기 마시니
가슴이 뻥 뚫리고

정상에서 멀리 내려다보이는 넓은 들판
청보리 물결치는 파도
풋풋한 풀향기 여기까지 오는구나

골동품

넌 이름이 뭐니
빨갛게 잘 익은 고추장
여기 구수한 된장도 있어요

난 간장독 짜디짠 물을
오랫동안 보관하고 있어서
내 몸에는 소금꽃이 피었어요

어느 수집가가 수거해놓은 물건들
태양 빛에 번쩍번쩍 너무 놀랬어요

한국의 멋을 잘 나타낸
항아리 변신은 무죄

옹기에 구멍 뚫어 새 작품으로 탄생
수줍은 미소 하하 허허 웃는 얼굴
찌푸리고 성난 표정 다양한 공예품

경기도 파주 출생
한국방송통신대학교 교육학과 졸업
한국방송통신대학교 국문학과 재학
계간 『시세계』 시 부문 등단(2015년)
한국방송통신대학교 알포엠 시낭송 동아리 회원
성동구민대학 시창작반 회원
왕십리문학회 회원
성동문인협회 회원
한국공연문화예술원 회원
동인지 『봄바람 시바람』
『느린 오후에 시작하다』
ssamma44@hanmail.net

김정희

할아버지 꽃 외 6편

김정희

지난해 한 알 두 알 받아둔 씨앗들
깊은 잠 깨어나 햇볕 아래 눈뜬다

분주한 손길
물뿌리개 호수 리듬에 춤추며
커가는 가지에 매달린 짙푸른 잎들
칭찬 기다린다

탱탱해오는 꽃망울
톡 터진 봉선화
천일홍 함박 옥천앵두 목화 수세미
부채춤 추는 맨드라미 무리들도
방긋 웃는다

부산서 온 손자 손녀
서울 숲 페달 밟고 달리던 자전거
대공원 놀이동산
일박 이일 아쉬움을 남기고
훌쩍 다녀간 식구들도
살랑대는 꽃들의 사랑으로 위로한다

목화송이를 보고

예쁘고 달콤한 다래*
탁 터져 하얀 눈꽃 물고 있다

애끓게 떠오른 지난날을
그림으로 그려간다

눈이 많이 쌓인 어느 겨울날
창살에 떠오른 햇볕
처마 끝 녹는 낙수 소리와
방 안의 씨아* 소리 박자를 맞춘다

백설같이 쌓인 포근한 솜
어머니 정성이 담긴 공단 이불
가슴에 남아 그리움 더해진다

* 다래 : 익지 않은 열매.
* 씨아 : 씨 빼는 기계.

서울로 가는 길

새벽 어둠이 팔 벌려 허공을 껴안고
일렁거리는 안개 밀어내고 있네

폭염으로 몸살 앓고 난 홍천 계곡
새소리도 목이 쉬고
팔봉산 굽이굽이 아직도 미열이
허공 속을 맴도네

옥양목 홑이불 하얗게 펼친 듯
구름은 하늘을 식히고 가을은 이어가네

아픔을 이긴 계절에 날개 밑
인연과 인연이 맞닿은 만남
꽃들의 입술이 붉다

무릉계곡

하얗게 바래가던 세월 속에서
신선이 노닐었다는 두타산과 청옥산

그림으로만 보았던
희귀석들이 빚어낸 동굴
학소대 선녀탕 쌍폭포 용추폭포 병풍바위
향연에 싸여 절경이다

양털 같은 소소리바람
구름도 물소리와 수백 년 뒤이어 흘러갔나
산을 휘어잡은 향기로움과
자연은 영원하리

손녀 졸업식

은쟁반 옥구슬 화음으로
영어 인사 시작되니
소란스럽던 내빈석 조용하다

환한 미소로 입장하는
검정 가운 사각모
진선 어린이집 행복한 얼굴이다

아침마다 어깨동무 내 동무
키도 몸도 비슷한 또래들
어린이집 떠나게 되었다

선생님 고맙습니다
친구들 잘 가라 고사리 손 흔든다

송사 읽는 손녀
뜨거워진 어미 가슴 녹아내린다
희망과 출발 디딤돌의 현장이다

두레밥상

미세먼지 밀어낸 가을날 빗소리 들으며
흙에서 자란 내 마음 세월 풍겨 나오고
눈비 맞은 날도 낡아갑니다

추억은 소중한 것 손짓에 밀려 가슴에 스미고
다섯 살에 아버지 등에 업혀 온 사촌 남동생
칠 남매와 자라 군대까지 제몫을 했다
배추밭 한 떼기 등록금 모자랐고 어버이 힘들다는
말 들은 적 없었다

빈 상도 두껍고 무거웠던 둥근상
밥그릇 국그릇 반찬들 번쩍 들고 들어와
도란도란 재잘대며 둘러앉은 우리들
웃음꽃 지켜주는 어머니가 계셨고
우리들 방 군불 때주시던 아버지 계셨다

지금은 김치찌개 어머니 맛 찾아볼 수 없고
어쩌다 꽁치 고등어 상에 올라오면 번쩍했다
아버지는 생선 그릇을 슬그머니 우리 상에 옮겼다

구수한 냄비에 울음은 태워 버리고
하늘에 별빛과 함께 산뜻한 웃음꽃 피운다

어느 봄날

오월을 흩날리는
아카시아

눈부시게 아름답던
추억의 향기
풀어 놓는데

꽃 속에 숨어 있는
따뜻한 씨 보인다

구름 흘러가듯
지나가 버린 세월

희끗해진 머리 뒤편
젊음 하나로
빛나던 발자국 소리

멀어진다

월간 『문학세계』 시 부문 등단(2014년)
성동구민대학 시창작반 회원
왕십리문학회 회원
동인지 『봄바람 시바람』
『느린 오후에 시작하다』
guswn58hj@hanmail.net

김현주

무상 외 6편

김현주

태어난 순서대로 간다 해도
하늘이 텅 비일 텐데

어릴 적 업어주던
동생의 따스한 온기가 아직도
등에 남아 있는데

가지가지 함께했던 추억이
꺼이꺼이 목울대로 올라오는 아침

자꾸만 주저앉는 발걸음을
흰 국화가 부축하며 길잡이 한다

칼바람이 불어
흰 구름 한 점마저 멀어져 가고
텅 빈 가슴은 얼어만 가고

목련꽃

새하얀
순백으로 하늘을 찌르며
피어올랐지만

세상은 그닥
녹록하지 않았는지
그 기백 어딜 가고
흙빛으로 변했나

온갖 시름에
구릿빛이셨던
내 어머니 얼굴 같은

겨울밤

찹쌀알 떠억, 메밀 무욱

파란색 소리가 골목길을 흔든다

창문들 굳게 귀 닫으며
차갑게 돌아앉아도

막다른 집 전등불 꺼진 후에도
금쪽같은 눈망울들 어른거려

돌고 또 돌며 외치는
소리 얼어붙는다

잿빛으로 잿빛으로

샌들

구두끈 사이로
음매 음매
울음이 새어 나오고 있다

가죽이 벗겨진 소
얼음에 포박당한 채
어디로 가고 있을까

가죽을 남긴 소는
우리들 핏속에 감돌고

아스팔트 녹아내리는
여름을 신은 커다란 눈망울

뚜 벅 뚜 벅
새김질하며 걷고 있다

강 눕다

가슴에 통증이 인다

달콤한 유혹에 빠져
덕지덕지 쌓인 욕망들
혈관이 막혔나 보다

당뇨합병증에 거무튀튀하게 썩어드는
몸뚱아리 속이 문드러져 스멀스멀 올라오는
악취 이제는 더,

더는 어쩌지 못하고 어둠에 사로잡힌 무덤에 누워
꿈인 듯 생시인 듯

뚝뚝 떨어지는 시간을
부여잡으려는 손목

가슴으로 흘러드는 삶이 싸하다

살곶이 다리

이 무거운 돌들이 어떻게
이곳으로 왔을까
오백여 년 전 기계도 없던 시절에

풍파에 닳아
반들반들해진 세월의 등
바라보는 마음이 숙연해진다

홍수에 무너진 다리를 넓히느라
기계로 가져온 돌은
사춘기 아이처럼
울퉁불퉁 까탈스럽게 굴지만

오가는 행인들 무심함 속에
오늘도 역사는 흐르고 있다

다리 밑으로, 무디어가면서

새악시

조신하게 앉은 산마루

밤사이
봉숭아꽃 물들였나?

물끄럼물끄럼
쏟아지는 눈빛 부끄러워

빠알갛게 빠져나오는 아기
저런,

명지대학교 대학원 경영학과 부동산학전공 박사과정
성동구민대학 시창작반 회원
왕십리문학회 회원
성동구립도서관 글쓰기 동아리 회원
공저 수필집 『은빛날개에 추억과 꿈을 싣다』
동화구연가
hg2623@hanmail.net

김희정

국화 향기 머금고 외 6편

김희정

가을 향기 맡자는
친구가 고마워 산책에 나선다

파란 하늘에
뭉게구름이 두둥실 떠가고
시냇가에 잉어 가족이 소풍을 나왔다

햇살이 눈부신 늦가을 정취에 취해
곱게 물든 낙엽을 보며
길섶에 이름 모를 들꽃도
만나서 반가워

찻집에서 국화차를 마셔 보니
은은한 향 속에
가을이 한가득이다

친구

낙엽들이 얼음에 갇혀
내 마음도 춥다

친구의 반가운 목소리
따뜻한 차 한잔 마시자는 전화
웃음과 고마움이 한가득
지난날의 추억을 뒤적이며
계절을 느끼며 살자는 말

진한 감동이 밀려와
모두가 고귀한 사람들
마음은 붕 떠
약속한 일요일이 멀기만 하다

낙엽과 춤을

바람에 못 이겨
경쾌하게 춤을 추고 있는 낙엽

은행잎도 덩달아 엉덩이를 흔들고
아침 햇살이 살며시 분위기 띄운다

하늘로 비상하듯 날리는 모습이
군무처럼 아름답다

애기 단풍잎 부러운 듯 쫓아 나와
노란 국화꽃들도 도란도란

짧은 동영상처럼 지나간
잠잠하던 낙엽들 또다시 소곤소곤

우리도 한번 신나게 춰 볼까
이렇게

비 오는 밤

빗방울 소리에 깨어
임이 오셨나 두리번

새벽녘 창가에 부딪치는 청음들
추억을 머금게 하여

설렘과 애틋함 눈망울에 맺히고
임의 목소리 귓가에 들려와

새벽이 다 되도록
잠 못 드는 이 밤

동행

해맑은 미소와 따뜻한 관심
행복한 내일이 기대되네요

배려와 나눔이
향기처럼 온몸을 적시네요

소중한 우리의 만남
예쁘게 가꾸어 봐요

꿈은 간절히 원하면
살며시 다가온대요

여명을 기다리며

간절함 속에서 널 만났는데
아직도 널 기다리는 나

알면서도 애틋함만 가슴에 쌓이고
기품 있던 네 모습 눈에 선하다

희망을 노래하고 싶어서
보고 싶다 말하기도 아까운 너

진정 널 위해
난 무엇을 해야 하나

자정이 지나 새벽이 다가오는데
밤의 불빛만 내 마음을 비추고 있다

첫 만남

초롱초롱한 눈망울들
가을 하늘 닮았네요

심호흡하면서
목소리 가다듬고

해맑은 웃음
동심의 세계로 들어가요

호기심 어린 표정들
너무 사랑스러워요

점점 하나 되어 가는 오늘 하루
행복합니다

호(號)는 도영
황해도 해주 출생
월간 『문학세계』 시 부문 등단(2016년)
문학세계문인회 정회원
성동구민대학 시창작반 회원
왕십리문학회 회원
성동문인협회 회원
개포문예 늘시동인지 회원
천수문학 회원
가온문학 회원
songbj40@naver.com

송방자

길 외 6편

도영 송방자

산등성이에 앉아 있는 노을은
세상 구경 한창이고
햇살에 밀려가는 나그네는
길어진 그림자와 벗하며 간다

어둠을 헤치고 가는
그리운 이 저만치서 이정표 되어
마음의 문 열어주기 때문일 것이다
좁다란 시골길 환히 비춰주는
오래된 내 사랑

촛불

아른거리는 바람에
흔들리는 촛불

수채화처럼
때론 유화 같은
내 삶도 흔들리고 있다

무슨 흔적
남기려 하는가
알 수 없는 모양들
서서히 흘러내리는 촛불

물길

억세게 퍼붓는 비
희뿌연 물살을 휘감아대며
색깔도 다양한 쓰레기 더미와
풀벌레 리듬까지 싣고
살곳이 다리 밑을 빠져나간다

아우성 소리
흙탕 속 흐름으로 몰아간다

도심 속 넘실거리는
헤드라이트 불빛
한강 물결 위로
고단한 해 질 녘
발걸음이 무겁다

강변의 가로등

물 위에 춤사위
달님도 덩달아
음표와 장단을 맞추는데
살랑바람 리듬도 즐겁다

넓다랗게 펼쳐진
오렌지색의 옷감에
반짝반짝 눈부시다

돌고 돌아 어둠 속에서
한강으로 밀려들어
뚝방에 부딪히는 불빛
발걸음을 멈추게 한다

회상

파란 하늘 아래
꽃이 아름다운 길

봄은 여름으로 달리지만
그대의 잔잔한 목소리

여운으로 남아 있어
화사한 모습 낯설지 않아
전생의 인연으로 삼았다

오월의 여인

바람의 공간을 비켜서
높이 더 높이

새들의 날갯짓에
잎새들 오선지를 그리고

태양에 타는 사랑
구름 위에 앉아 있네

봄비

봄은 성큼 다가섰는데
보이지 않는 당신
내 마음에 구슬비로 방울방울 내리네요

이제는 지워버리려
유리창에 맺혀 머물러 있지만
사랑은 영원히 지워지지 않는 거라고

마음의 유리창에
당신은 선명히 맺혀 있네요
봄비는 잊혀지지 않는 사랑입니다

동국대학교 문화예술대학원 문예창작과 졸업
계간 『시세계』 시 부문 등단(2014년)
계간 『불교문예』 시 부문 등단(2014년)
문학세계문인회 정회원
성동구민대학 시창작반 회원
왕십리문학회 회원
시집 『엄마를 태우다』
shell28y@hanmail.net

유병란

늙은 항아리 외 6편

유병란

한때는 내 키보다 컸고
양팔을 벌려도 다 안을 수 없을 만큼
우리 집에서 제일 컸던 간장 항아리

까만 먹물처럼 일렁이던 항아리 속엔
구름도 바람도 지나가고
가끔은 산 그림자까지 내려와
몸을 담그며 쉬어가던 곳이다

이제는 할머니와 엄마의
반질반질했던 손길도 끊긴 지 오래
속을 꽉 채우고 넉넉했던 항아리는
건조해진 피부마다 실금이 간 채 말라 있다

항아리 옆 함박꽃과 난초는
여전히 긴 꽃대를 밀어 올리고
거미도 텅 빈 공간을 오가며 집을 늘리는데
자박자박 밀려오는 어둠처럼
항아리의 한생이 빈집과 함께 무너지고 있다

길거리 사진전

대학로 광장에 어색하게 서 있는 나무 이젤들
절망 속에 던져진 검은 아이들 사진이
지나는 사람들 발길을 잡아보지만
아무도 관심을 갖지 않는다

사막의 모래주름처럼 드러난 갈비뼈
메마른 젖가슴을 빨고 있는 갓난아이 눈동자에
파리가 진을 치고 있다
젓가락 같은 다리와 나무껍질 같은 손으로
카메라 렌즈를 향해 손을 흔들고 있는 아이들

한 주걱 남은 밥마저 자식에게 내주고
물로 배를 채웠다던 할머니 한 분이
모시색동 지갑을 꺼내 모금함에 돈을 넣고 걸어간다

구부정한 허리와 관절염 걸린 다리로
기우뚱거리며 걸어가는 얼굴이 치자꽃을 닮았다

거리는 여전히 흥청거리고
길가 은행나무는 햇살과 섞여 단단히 열매를 부풀리고 있는데

어머니의 동전 지갑

어머니 하루 일과는
십 원짜리 동전이 가득 들어 있는 지갑을
허리춤에 매달고 경로당에 가는 것이었다

온 동네 할매들이 하나둘 모여들면
느릿느릿 펼쳐지던 십 원짜리 고스톱 판

쭈글쭈글한 주름 사이로 시간이 스며들고
동전 하나에도 기뻐하던 하회탈 같은 얼굴들
동전을 잃은 할매들 볼멘소리가
경로당 문지방을 넘어 나른한 햇살에 섞여 떠다니곤 했다

십 원짜리 동전 한 움큼에
해바라기 꽃처럼 환해지시던 어머니

그곳에서는 무엇으로 소일하고 계실까
지금은 쌓여만 가는 동전이 거추장스럽기만 하다

24번지 골목길

진숙이 할아버지 흔들의자가
폐기물 스티커를 붙인 채
목백일홍 나무 아래 널브러져 있다
얼마 전까지만 해도
거실 한쪽을 차지하고 있던 의자

노인의 하루 일과는
의자에 앉아 창밖을 바라보며
오가는 사람들을 불러 안부를 묻는 것이었다

인적 뜸한 골목길에 버려진 의자

오래전부터 있었다던 필리핀 사가다 오지 마을
절벽묘지가 생각났다
관 옆에 고인의 의자를 매달아 놓고
죽어서도 편히 쉬라는 그들의 마음을 담은 이색 풍경

목백일홍 흐드러진 날
버려진 흔들의자에
자벌레 한 쌍 부지런한 몸놀림으로 자리를 잡고 있다

가을 택배

내가 태어나기 전부터 엄마가 다니셨던 작은 암자 스님이 택배를 보내오셨다 알밤과 호박 말린 산나물을 담은 봉지들이 절 마당 햇살과 바람을 몸에 두른 채 오밀조밀 담겨 있었다 절 담을 타고 올라 느릿느릿 몸을 불렸을 튼실한 호박과 대웅전 염불 소리 들으며 영글었을 윤기 나는 알밤, 친정엄마 같은 노스님 손길까지 시골 작은 암자의 풍성한 가을이 택배 상자에 가득 담겨 왔다

콧노래를 부르며 알밤 껍질을 벗기다 순간 멈칫했다
몸을 웅크리고 숨어 있는 작은 애벌레 한 마리
껍질 어디에도 흔적이 없는데
어떻게 뚫고 들어갔을까?
애벌레가 있는 곳을 칼로 도려냈다

얼마 전 나도 애벌레처럼 숨어들어 나를 아프게 하던 친구를 도려낸 적이 있다 휑해진 가슴속이 쓰리고 아팠지만 잘한 일이라며 스스로를 위로했다

계절이 바뀌고 해가 또 바뀌면 수많은 시간이 머물다간 그 자리에
박꽃처럼 하얀 새살이 돋아날 것이다

선

초등학교 동창 모임에서
나를 무던히도 괴롭혔던 남자 동창을 만났다
심술과 장난기가 가득했던 얼굴은 간데없고
한층 성숙해지고 의젓해진 모습이 낯설었다

초등학교 3학년 짝꿍이던 그때
작은 책상 위에 자기 쪽으로 훨씬 넓게 선을 그어놓고
넘어오면 가만두지 않겠다며 으름장을 놓던 친구였다

결혼식도 올리기 전 스무 살 어린 나이에
첫 딸을 낳은 사촌 언니
만날 때마다 신세 한탄이다
그날 선만 넘지 않았어도 이렇게 살지는 않았을 것이라고

선을 넘는다는 건 갈등과 유혹의 줄다리기

어제도 나는
들어가지 말라고 줄을 쳐놓은 꽃밭에
몰래 들어가 사진을 찍었다

가을, 능내역에서

낡은 창틈으로 들어온 오후 햇살이
나무 의자에 걸터앉아 졸고 있는 시간

승차권을 팔지 않는다는 안내문만이
얼룩진 시멘트 벽에 덩그러니 붙어 있다
기차를 기다리며 몸을 녹이던 연탄난로와
흐릿한 시간표가 눅눅해진 기억을 햇살에 말리고 있다

마지막 열차가 지나고 난 뒤
해고당한 노동자처럼 방황했을 철길에
쑥부쟁이 구절초 강아지풀 코스모스가
옹기종기 모여 가을빛을 쬐고 있다

흰 양말 흰 칼라 검정 플레이어스커트를 입은 내 친구들이
재잘대며 역사 안으로 들어올 것도 같고
등짐은 멘 젊은 아버지가
맥고모자를 쓰고 서 있을 것만 같은 곳

늙은 남자의 초연한 얼굴처럼
빛바랜 간판을 훈장처럼 달고 서 있는 간이역에서
주름까지 닮아가는 친구와 철길을 걸어간다

부드럽게 이어진 곡선 따라
우리의 가을도 깊어간다

경기도 포천 출생
월간 『문학세계』 시 부문 등단(2017년)
문학세계문인회 정회원
성동구민대학 시창작반 회원
왕십리문학회 회원
yhsook0429@hanmail.net

윤 효 숙

가을비 외 6편

윤효숙

거리마다
노란 물결
사르륵사르륵
노랑비가 내리고

알록달록
산등성이엔
후드득후드득
오색비가 내린다

희로애락
육십 년
내 인생의 가을색은
무슨 색일까?

흙 내음 담은
낙엽을 밟으며
남한산성 외곽 길을 걷는다

레드 와인

차가운 유리잔에
삶의 무게 녹아내려
붉은 액체 되었나

내 삶의 아픔
한 잔에 삼켜 버리고
너와 절친 되었지

너와 마주하면
저절로 고해성사 토해내고
나도 모르게 해탈의 경지에 오르네

사랑 맛

폭 삶은 돼지고기
살코기만 떼어서
손자 입안에 쏘옥

오물오물 씹는 모습
입가에는 미소가 돌고
입안에는 달콤한 육즙이 고인다

아버지가 자상하게
살코기만 떼어서
내 입안에 쏘옥

살코기 맛 사랑 맛에
내 생애 최고로 행복했던
해당화 울타리 안의 어린 시절

손자와 함께하는
밥상에 앉아
내 아버지를 그려본다

산막이 옛길

가을 햇살이 손짓하는 날
좋은 임들과 가을을 주으러
길을 나섰어요

파란 하늘을 가득 담은 호수와
두둥실 구름다리가
두 손 잡고 마중 나왔더군요

하모니카 선율에
코스모스가 한들거리고
우리들 웃음소리에
산새들도 화들짝 놀라네요

노랗게 물들어가는 들판과
알밤, 도토리, 해바라기, 갈대
모두모두 주워서
주머니 그득하게 넣었지요

그중에 가장 불룩한 주머니는
서로를 아껴주는
예쁜 마음 주머니였어요

산소 가는 길

눈이 부시도록 하얀 카페트를 깔아
딸이 오는 길 반겨주신다

이렇게 눈 오는 날이면
넉가래로 신작로까지 눈 치우시던 모습이
한 폭의 수묵화로 그려진다

매서운 한파 눈길 헤치며
중학교 입시 보러 가던 날
손 곱을세라 넘어질세라
딸 손 꼭 보듬어 잡고
당신 코트 주머니에 넣어주시던 아버지

"보여드릴 게 너무도 많은데
딱 한 번만 다녀가시면 안 될까요"

학처럼 목 길게 빼고
양갱이 손에 든 아버지를 기다리던 유년의 모습이
가슴 깊숙이에서 너울거리는 것은
그리움인가 설움인가

옛 친구

한강 둔치를 걷는데
옛 친구가 반갑게 방긋 웃는다
어머나, 백일홍
너 정말 오랜만이다

과꽃, 분꽃, 맨드라미, 채송화도
모두 잘 있겠지
그리움에 꽃잎이 희미해진다

어릴 적 손풍금에 맞춰 부르던 노래가
어디선가 들리는 듯하다
올해도 과꽃이…

어깨동무하고 함께 부르던
그리운 얼굴들
꼭 한 번 만나자고
백일홍 꽃잎에 손 편지 써서
보내야겠다

자연의 섭리

매일 옷 갈아입는 들과 산을 보며
온 세상을 꽁꽁 얼게 했던
강추위는 이미 까맣게 잊었다

힘겨웠던 삶도
세월 가면 잊혀지고
추억이라는 폴더로
내 가슴에 저장된다

우리네 인생살이도
자연 섭리와 같다는 것을
배워가는 봄날이다

충북 괴산 출생
월간 『문학세계』 수필 부문 등단(2017년)
문학세계문인회 정회원
성동구민대학 시창작반 회원
왕십리문학회 회원
성동구립도서관 글쓰기 동아리 회원
공저 수필집 『은빛날개에 추억과 꿈을 싣다』
dongilec@nate.com

이경호

만년필 외 6편

이경호

책장을 정리하다
만년설로 덮인 너를 만났다
오랜 기다림으로 굳어버린 미소에는
서러움이 묻어 있고
갈라진 삼각 날은 한겨울의 들꽃처럼 말라 있다
얼마 만의 재회인가

우리가 함께했던 지난날
너는 푸른색의 용암을 쏟아내며
아버지에게는 온갖 기대와
여자 친구에게는
세상에 하나뿐인 나의 별과
꽃 무지개를 선물했고
푸른 꿈으로 늘 출렁거렸던 너와 나
최고의 생을 꿈꾸기도 하였지

출구 없는 날들
모눈종이 같은 삶을 살다가
낡고 헐어버린 필기구처럼
중늙은이가 되어 너를 다시 만났다
오래전 품고 다녔던 메모 첩
한 구석, 가난한 시가 꿈틀거리는
낮은 울음소리를 들었다

고향

마을 입구 느티나무는
그대로 서 있는데
늙은 밤나무는
뼈만 앙상하네

뒷모습에도 얼굴 붉혔던 가시나가
나물 캐던 들판은 여전히 드넓고
나무하러 오르던 앞산의
참나무와 오리나무숲은 푸른빛을 더하지만
개천에 넘쳐나던 물길은
줄어들고 말았네

산비둘기 구구대던 오솔길에
묻어두었던 꿈은
하 멀리 어린 시절 떠났으나
아직도 꺼내볼 길 아득하네

밤늦도록 열려 있는 싸리문은
나를 기다리는 어머니
창살 사이로
초롱불 심지가 밤새도록 흔들리고 있네

한여름

긴 호스를 통해서 내뿜는 물줄기와
경비아저씨 얼굴에 맺힌 땀방울이
축 늘어진 나뭇잎에 보태어 쏟아진다

화단 흙을 덮고 있던 낙엽들
썩어가던 몸뚱이 하나둘 떼어지고
머리 내민 뿌리는 걸신스레 목을 축인다

빨건 해가 화단 옆으로 고개를 내밀자
널브러진 낙엽들은 가쁜 숨을 할딱거리고
아저씨 등판의 세계지도가 면적을 넓혀간다

아파트 관리실 스피커
금일 10시에 폭염특보 발령되었으니
어린이와 노약자는 외출을 삼가하시고
어른들도 야외활동을 자제하라고 졸린 듯 지껄인다

베란다 창문을 뚫는 열기가
콩밭 매던 어머니의 시뻘건 얼굴에서
뿜어내던 열풍처럼 후끈거린다

오수

고향 논두렁에
늙은 버드나무 한 그루
그 위 바다 빛 하늘에 조각구름 내려와
어린 눈동자 속 가득 차고
은빛 햇살에 벼 잎들이 반짝인다

냇가를 달려온 바람은
김을 매는 아버지 베적삼을 말리고
새참을 이고 오는 누이의 걸음을 재촉한다

허기보다 먼저 퍼져오는 따뜻한 오수
점점 무거워져 오는 눈꺼풀 위로
매미 소리 쌓인다

버드나무 그늘 아래에서
더위를 잊은 채 깜박 들어버린 잠
까마득한 어둠 속으로 헤엄쳐 가는
하얗고 고운 어머니를 보았다

슬픔이 파도치는 텅 빈 가슴을
잎이 많은 나무가 되라는
어머니 말씀이 채워주고 있었다

사진 한 장

가을 햇볕 짙게 밴 느티나무 지붕삼은
마을 입구 넓은 공터에
어린 아이들 옹기종기 모여서
팽이 돌리기, 공기놀이, 줄넘기 하고 있다

팽이를 잘 돌리던
상달이의 홀어머니는 지금도 살아 계실까
의사가 되겠다고 열심히 공부하던
현숙이는 어디에 살고 있는지

모두가 뿔뿔이 마을을 떠나
고향은 인적이 드물다는데
뒷산의 머루 다래는
지금도 주렁주렁 열리는지

낯선 마을에서 찍은 사진 한 장
깊게 패인 이마에 잡힐 듯 잡힐 듯 그리움이 맴돈다

떨어집니다

가지에서 떨어집니다
순순히 떨어집니다
춤추며 떨어집니다

내년을 기약하며 뛰어내립니다
뒷일은 바람에 맡기며
번지점프 하듯 뛰어내립니다

사랑했던 사람도
미워했던 사람도
푸른 꿈도
무거운 짐도
길바닥에 버려집니다

무엇을 요구하고
무엇을 손에 넣고
무엇을 포기하고
무엇을 잃고
이 반복 속에서 무엇을 보았나요

보려는 사람에게는 보이고
관심이 없는 사람에게는 보이지 않습니다

가을밤

수수밭 빈대가 바람에 흔들리고
달빛은 중천 하늘에 걸려 있다
멀리서 들리는 귀뚜라미 소리에
보고픈 얼굴들이 생각난다

안마당에 둥그레 멍석 깔고
땅콩 까던 어머니
뒤뜰 처마 밑에 쌓아 놓은 통나무
잘게 패는 아버지 도끼질 소리
외양간 소가 되새김질하는 소리
뒷산 소나무 숲속 소쩍새 우는 소리
밤의 정막은 깊어만 가도
각자가 할 일을 하고 있다

보고픈 사람들
그리운 소리들
쉼 없이 고갯길을 넘어
지금은 모두가 가버린
여기
나
잠시 머물고 있다

동국대학교 대학원 연극영화과 졸업(문학석사)
성동구민대학 시창작반 회원
왕십리문학회 회원
kklee7844@gmail.com

이계권

낙엽 줍기 외 5편

이계권

종로 거리엔 비처럼 낙엽이 떨어지는 것은 아니다
비가 내려도 비둘기처럼 몸을 웅크리지 않는다
광화문 쪽 붉은 석양은 이미 바닥이 났고
낙엽이 진 거리에 아직 어둠은 내리지 않는다
하루 일과를 마친 종종 발자국 소리는 교차로 끝에서 머물지 않는다
그 발길에 뒹굴던 낙엽은 바람이 불면
납작 엎드려서 밟히고 부서지고 무너져 내리지 않는다
도시의 광장을 잠재우려는 세종로 가로등, 바람과 함께 유희하는 낙엽들의 밤,
점령군 같은 도시의 빌딩 숲이나 불빛이 점점 공허해지는 것은 아니다
선술집 간판 아래 취객들의 그림자는 항상 목소리부터 주저하는 법이 없다
낙엽은 스스로 그 밤 풍경을 지켜볼 수 없고 도시의 밤은 언제나 조용하거나 무모하지 않다
고궁의 하늘도 이제는 옛날의 그 고적한 어둠이 아니다
그곳에 낙엽이 고대하는 함박눈은 아직 내리지 않는다
종로 거리에서는 아무도 도시의 낙엽을 주우려 하지 않는다

낙엽의 노래

장원의 가을
기왓장까지 돌담은 듣는 귀가 천 개
고궁 안마당 단풍나무, 백송, 측백나무
뒤뜰의 주엽나무와 회양목
버드나무까지 모두 낙엽 떨어지는 소리
담장 돌멩이들은 귀를 쫑긋, 기왓장들은 엎드리니
낙엽들의 합창 소리 들리고
간지럼나무, 마로니에, 회화나무는 높은 구름자리 옥타브로
보리수, 땅비싸리, 팥배나무, 벽오동은 가을을 물들이는 자신들만의 색깔로
당단풍, 꽃단풍, 은단풍, 뜰단풍 낙엽들도 목소리가 천 개
마당을 맴도는 바람은 하늬바람, 가끔 소소리바람도 끼어들고
산들바람, 왜바람, 색바람은 풍금 소리
뜰담 아래에서 낙엽을 태우는 갈색 연기는
그나마 한 마당에 가득한 가을을 배반하는 불협화음
혹은 회생의 봄을 기원하는 장렬한 의식
그마저도 살랑바람이 쓸어가니
가을의 소리, 사르륵사르륵
뜰담 옆에는 오직, 주목에 기댄 대빗자루 그림자뿐

단풍과 낙엽 사이

쇠락의 가을빛은 복녕당 아기씨 버선발에 비치고
인왕산 단풍은 치마바위에 찬 노을을 남긴다
아기씨는 함녕전 뜰을 나서며 한때의 단풍을 줍고
관물헌으로 가는 길에 운종가에서 비단 구두를 산다

긴 세월 동안 불모의 한숨
저녁마다 샹들리에는 크리스털 속에 그림자를 감추고
바다를 건너 시모노세키를 지나니 아침 태양빛이 비릿하다

아기씨 세월은 가지 끝에 매달린 단풍 같은 이국생활
구비마다 추락하는 업과의 한은 먼 훗날 낙선재에 떨어져 때마다 가을앓이 인생앓이
서랍장에 한 줄기 외로운 빛이 되어 비스듬히 눕는다

단풍이어도 낙엽이어도 다만 자신만의 생을 얼마나 원했던가
자신을 사랑하기 위해 얼마나 많은 세월을 인고했던가

비로소 응고의 세월 속에서 애면글면 내면이 체화된 서랍장을 연다
준명단 시절의 버선을 신고 운종가 비단 구두 짝을 찾고

가을이 활짝 핀 단풍과 숙연히 진 낙엽,
여린 햇빛 노란 장판 위에 지난날들의 기억들을 펼쳐놓고
금빛 책장 사이에 끼워 넣는다

침묵의 명료함

세상은 명료한데 경험이 애매해
생각이 따라가지 못하고
삶은 애매한데 죽음이 명료해
사유가 자유스러워진다

시인이 애매함 속에서 명료함을 찾는다면
그 또한 애매함의 그늘이리라

명료함 속에서 애매함을 발견한다면
더욱 명료하다 할 수 있으니
시가 처음부터 애매하다 할 것은
말보다는 침묵하는 명징함에 있음이리라

연극배우

오이디푸스 왕의 딸 안티고네는
플라톤의 동굴의 우화에 나오는 그 동굴 앞에 앉아 있다

(독백) 연극배우여!
그대 무대 위에서 하얀 길을 걸으면 희망이 보이는가
무대 위에서 바라본 바다의 꿈은 바다를 품은 무대의 설렘인가
바다는 육지에서 느끼지 못하는 또 다른 길이 있을 것
바다 먼 수평선, 물마루에서 무수히 부서지는 길일지라도
오래도록 그 발걸음의 고뇌를 허락한다
무대의 불이 꺼지면 관객은 흩어지고, 텅 빈 무대를 내려오면
자작나무 사이로 해가 질 테니

동굴 앞 숲은 어둠에 묻히고
(음향) 어디선가 멀리 파도 소리 들린다
한 쌍의 새가 날아오른다

달과 생선

새댁이 생선을 산다
시어머니는 요리냄비보다 큰 생선을
줄여서 요리를 하라고 한다
새댁이 궁리 끝에 칼로 생선을 두 동강 낸다

시어머니가 참 잘했다는 말 대신에
이번에는 잠자리에 들면
마음이 심란한 보름달을 줄여달라고 한다

새댁은 창문 커튼 옆에서
달을 한참 동안 바라보며 망설인다
안타까운 마음에 마당으로 내려가
달빛을 어루밟으며 달의 때가 되기를 기다린다

시어머니가 밤을 못 이겨 몸을 뒤척여도
새댁이 생선을 바라본 것이나 혹은 달을 바라본 것은
삶의 현실을 읽는 것인지, 달이 마냥 웃고 있다

경기 시흥시 출생
월간 『문학세계』 시 부문 등단(2016년)
성동구민대학 시창작반 회원
문학세계문인회 정회원
왕십리문학회 회원
동인지 『봄바람 시바람』
『늦은 오후에 시작하다』
『낯선 거리에서 들리는 소리』
lm2050h@daum.net

이명희

나팔꽃 외 6편

이 명 희

아침마다 슬쩍
내 안을 들여다보는 너는
세월의 징검다리 건너 저편
어린 나를 시골집으로 데려왔지

수수깡 듬성듬성 서 있는 울타리
살금살금 한 뼘씩 키 재기 하고
새벽마다 빨갛게
시간과 눈 맞추며 사랑하는 너

어느 기우는 아침나절, 삶의 고갯길
숨 가쁘게 오르면서도
네 웃음과 마주하며 나는 설레었지
스쳐 가는 바람을 잡아들이고
쓰다듬는 햇볕에도 감동을 했지

앞으로 앞으로만
멈출 줄 모르는 네가 있어
저무는 인생 노을길도
화사한 나날 계속 되겠지

넓어지는 집

이사한 지 20년
옛집 날아가지 못한 추억이
베란다 구석에 끄나풀로 묶여 있다

처음, 집 지어 들어간 작은 집
궁궐인 듯 이층 계단 오르내리며
낮에는 빈집인데
"대문엔 초인종을 달아요"
해맑은 아이들의 소리가 떠다닌다

혼자되신 친정아버지 칠순 사진
쓸쓸한 미소가 이슬비로 가슴을 적시고

일찍 간 네 아버지 '목숨 이어받았나 보다' 던
시어머니 팔순 사진
쭈그러진 웃음이 삶의 얼룩으로 번진다

파노라마 한 편 돌려 보는 사이
어버이들 하늘나라 가시니, 나는 중년이 되었고
자식들 짝 찾아 희희낙낙 둥지 떠났다

가슴속엔 풀풀 깃털만 날고 있다

서글픈 꿈

밤이 낸 길을 따라갔다

화살통 메고 비껴쓴 중절모
한량임을 자처한 아버지

일 부자인 전지엔 때 놓친 일손이
잡초인지 곡식인지
뒤섞인 잡념 싣고 잡아당긴 활시위

떨어진 화살촉 끝에
노모와 칠 남매 끼니가
시름으로 박혀 있었지

책임과 맞바꾼 아버지 끼
허공으로 날아간 꿈이
유산인 양
우리 형제들 이야기 길을 걸어왔다

떴다방

무학봉 근린공원 매미들
아파트 청약 중이다
한몫 챙기려고 치열한 경쟁 속
일주일, 길어야 보름이다

꼭대기로 올라가야 북한산도 보이고
경복궁도 눈앞이다
높을수록 치솟는 프리미엄
칠 년 묵은 외피는 계약금이고
잔금은 그들의 전부이다

목적을 달성한 용감한 자들은
보금자리 꾸며 자식들 잉태하고
두 몸이 껴안은 채 자연으로 회귀한다
대지는 그들의 핏줄을 이어주고
기름진 몸뚱이는 간데없이
한 겹 껍질 되어 나뒹군다

손익도 없는 영업이 간판을 내리면
대열에 서지 못한 수요자들 가슴
찬 바람 불어오는데
아파트 하나 없는 나처럼
애꿎은 무학봉만 돌고 돈다

어떤 DNA

신축 상가 공사장 안전 벽에
나비 한 마리 팔랑거린다

내려앉을 듯 위태롭던 고택
안마당에 키우던 열무 배추에
날아들던 나비들 후예
제 고향 찾아왔나 보다

포크레인 소리도 요란스레
접근 말라 위협해도
핏줄을 타고 흐르는 귀소 본능이
아랑곳 않고 힘겹게 파닥거린다

이제 나도 아버지 피가 끌어주는 곳
쏙소리 감나무가 있고
무 장다리꽃에 날아들던 나비 좇아
유년의 나를 찾아가고 있다

인생을 깁다

티가닥 티가닥 구두 끝에 질질 끌려오는 저녁
눈 찌푸리는 시선 민망하여 들어선 곳 반 평 남짓
수선하는 아저씨 옆 벽에 멋진 젊은 사진이 쳐다보고
TV에선 야인시대 이정재 편이 재방송하고 있었어

묵묵히 벗어놓은 하루의 피로는
몇 년은 족히 함께했을 꽤 좋은 명품인지
쭈그러진 등어리가 슬쩍 외면을 하고 있더군
땅땅 두드리고 쓰다듬고 광내놓고

김 땡땡표 신발 초로의 여자는
지루한 일상이 좌판에 아직 남았나 봐
"그 있잖아요. 키 크고 허리 구부정한 여자
그 여자가 갔대. 문상 가야 해"
"그랬군, 그 슬리퍼 신고 가 따스해"
정이란 고달픔과 외로움에서 나오나 봐

오가는 손이 제법이라 돈 버시네요 했더니
버는 놈 따로 쓰는 놈 따로라고
평생 벌어 임대 주택 하나 남았대나
날 보고도 욕심내지 말고 편안히 살라는군
그저 건강이 최고라나

구두 수선하러 갔다가
부처님 설법 듣고 나왔지

또 하나의 문

이 세상 떠나 하늘 문 들어가려면
어린아이 되어야 한다더니
구순 어머니 천진한 어린아이 되어가네

그 여린 맘으로 이 세상 어찌 사누
큰아들 걱정도 뒷전
먹는 건 다 무엇하고 그리 마르나
둘째 걱정 내려놓고
부모 여읜 손주 둘 애간장 없었던 양
삭정 귀와 갈퀴 손이 되어
세상과 한판 벌이시더니

병 위에 장사 없다
체념한 후 새 세상이 보이나

옹이 박힌 손, 곰 발바닥 굳은살도 벗어던지고
그을렸던 얼굴도 명경처럼 맑아지니
수줍던 열일곱 새색시 고운 모습
꿈에서만 만나던 낭군 찾아 가시려나

이민자

한국여성문예원 종합문예지 『문학, 상(像)』 등단(2015년)
『중구문예』에 「겨울새」 외 1편 게재(2015년)
한국여성문예원 종합문예지 『문학, 상(像)』에
「고드름」 외 1편 게재(2016년)
한국여성문예원 종합문예지 『문학, 상(像)』에
「갈등」 외 1편 게재(2017년)
성동구민대학 시창작반 회원
왕십리문학회 회원
시낭송가, 동화구연가
책놀이지도사, 골목길 여행강사
loee61@hanmail.net

매화나무 옆 장독대 외 5편

이민자

장독대 옆에 서 있던
매화나무 소중한 걸 몰랐었는데
몇 해 전 태풍으로 쓰러져 누워 있다

창고 역할 하는 큰 장독
항아리 속에는
말린 나물과 농사지어 넣어둔 곡식들
어머니는 자식들이 올 때마다
항아리 뚜껑을 여신다

크고 작은 항아리가 순서대로 서 있는
매화나무 옆 간장독
한 해 간장 맛에 따라
집안이 흥하고 망하기도 한다며
어머니는 간장 담글 땐
정성을 들이셨다

장독대 자주 가시는 어머니

이제는 어머니도 나도
항아리처럼 몸이 둥글다

설시암

고무 물동이 머리에 이고
절반은 길바닥에 흘리고
부엌 항아리에 가득 채워 놓으면
이틀은 편안했다

겨울에는 물 따뜻해 김이
모락모락 피어났고
여름에는 눈처럼 하얗고
시원한 설시암 물

어머니가 텃밭에서 풀을
뽑고 계실 때
물 한 주전자 담아가면
어이구 시원하다
물 한 바가지로 더위를 식히고

수박 참외 따다
물에 동동 띄워 놓고
달빛이 흐르는 마당에 앉아
도란도란 수박 먹던 식구들

열무김치 항아리에 담아
우물에 담궈놓고 먹었던
신 김치가 그리워진다

어머니의 텃밭

초겨울 안개비 섞여
눈발이 흩날리는 날
어머니에게 전화를 해본다
엄마, 배추는 언제 뽑을 건가요
오늘 뽑을란다
무 배추 얼기 전에 뽑아야
안 되겄냐
날씨도 추운데
도와드리지 못해 죄송한 마음에

옷은 따뜻하게 입으시구요

배추, 무, 파, 갓
혼자 캐시고 텃밭에서 집까지
어머니가 이동하실 생각을 하니
마음이 짠하다

올해는 제발 김장하지 마세요
올해만 담구고 안 담글란다

하지만
김장철이 되면 어김없이

배추가 잘 자라서 남 주기
아깝다고 전화를 하신 어머니

올해로 팔십이신 어머니가
자식들을 위해 이백 포기 넘는 배추를
혼자서 절구시고 씻어놓고
딸들을 기다리신다

등이 굽은 어머니가 휘청거린다

작약도

배를 타고 작약도 갔었다
기다랗게 늘어선 횟집들
평일이라 한적하였다
둘이는 생선회 시켜놓고
어색한 자리를 하고 있는데

뱃고동 소리 빵 하고 울렸다

아주머니 마지막 배가 몇 시인가요
지금 저 배가 마지막 배인데요
아뿔사. 그 말 떨어지자마자
구두 양손에 쥐고 뛰고 또 뛰었다

저 배 좀 잡아 주세요

출발하려던 배가
떠나지 않고 기다려 주어
배를 탈 수 있었다
배를 탔다는 것에 감사하고
그제서야 남자 얼굴을 바라보았다

서로가 미안하고 어색한 웃음

유람선을 보면 작약도가
생각이 난다

추억

햇살 좋은 날
잠들었던 풀꽃들이 기지개 핀다
흔들흔들
은빛으로 반짝이는 억새꽃
높은 자리에서 춤을 춘다

바람도 휘휘 불던 날
낫 한 자루 들고 산에
올랐던 소녀 시절
깊은 산속 가장자리
오동통하게 자리 잡고
있는 너를 쓱싹쓱싹 베어
돌돌 말아 나의 무게만큼
칡넝쿨로 크게 한 묶음 엮어
머리에 이고 집으로 온다

땔감으로 손색이 없었던
키다리 억새
무등산 자락에 무리 지어 있는 나무 베어
정재에 내려놓으면
감탄사를 아끼시지 않았던 어머니

그것은 그 시절
어머니의 노래였다

신호등 앞에서

친구와 싸우고 돌아오던 길
파란불 깜박거리면
화살표 한 줄 지워지고
호흡 한 번 하고 나니
또 한 줄 지워진다
빨간 신호를 기다리며
비보호 노란 신호를 보낸다

이제 나를 보면 짖어대는 그녀
강아지처럼 변해버린 너
기쁨을 주기보다는
아픔 하나씩 가져다 주는
너를 보면서
작은 오해가 긴 시간을
삼켜 버려 아쉬움으로 남았다

손을 먼저 내밀고 싶지만
이제는 끈을 놓아야 될 것 같다

빨간불 꺼지고
파란불 들어올 때까지
이제 너를 정리해야 되나
말아야 되나
두 마음 나를 따라다닌다

서울 출생
경희사이버대학 경영학과 졸업
월간 『문학세계』 시 부문 등단(2017년)
문학세계문인회 정회원
성동구민대학 시창작반 회원
왕십리문학회 회원
히어즈인포 사업체 운영
jungtw55@naver.com

정 통 원

공항 에필로그 외 5편

정통원

출발하기 전
당신 눈가의 눈물 자국은
어미의 눈물인가요
연민의 눈물인가요

참았던 눈물을 끝내 감추지 못하고
안 보이려 애쓰며 그래도
이별 아닌 이별인 듯
잊지 않을 모습을 붙잡으려
하얀 이슬방울들 사이로 끊임없이 흔들리는
당신의 눈을 바라보아야 했습니다

가족들 모두
당신이 흘리는 눈물에 더 참지 못하고
헤어진다는 아쉬움이 없었던 것은 아니었는지
슬픔을 보이고 말았습니다

당신이 가는 내내
잘 도착하기를 간절히 바랬습니다
시간을 분 단위로 세며
당신의 동선을 그려 보았습니다

담쟁이

소리치며 아우성으로
들려오던 때가 있었다
푸르러서 영광이던 때가 있었노라고

비바람 몰아치는 대로
강렬한 햇빛에 숨을 곳 없어 그대로 있어도
푸른 절개는 영원하리라 했었다

희망의 절벽을 오르기 위해
넘기 위해 존재한다고 외칠 때도 있었다

절개라던 희망이
푸르던 잎이 술 취한 듯
도취되어 붉게 붉게 변했다
그리고는 흔적도 없이 사라질 것을

강변 걷다

길 위를 구르며
사람들에게 밟히는 건
녹이 슨 나무에서 떨어진 낙엽과
뜬금없이 멀리서 날라온
이방인의 부러운 시선

흐르는 강물에 부딪히는 건
가을이 보내준
황금빛 별들이거나
그리움이 건너편 불빛에 흔들리는
깊은 마음속의 파도

전부 그대로 서 있는데
별처럼 떨어진 나그네의 추억은
갈 곳 정하지 못하고
템즈 강변을 서성인다

가로수길

오래된
길을 걷고 싶다

키 큰 나무가
가로수로 서 있던 길
그 위를 걷고 싶다

지금도 키 큰 나무가
서 있을까

지나온 세월이
짐이 되어
주저앉아 있지는 않을까

찾아보리라
종탑을 더듬어 찾아내리라

집이 있으면
허물어 내어

처음부터 주인이었던
길에게 돌려주리라

그리고
키 큰 나무를 심어
그 길을 걸으리라

* 화가 마인데르트 호베마의 대표작 〈미델하르니스의 가로수길〉(1689년)을
감상하고 나서.

사람이 산다

축구 경기가 열리는 쾰른 경기장
열기에 젖은 사람들 속으로
분위기는 빠져든다
함성은 묵힌 응어리를 토해 버리며
푸른 하늘을 날아오른다

빈자리 없는 열기 속에서
컵 맥주는 분주히 드나들고
피어오르는 응원 속에
담배 냄새가 사방에서 밀려온다

흡연이
한 곳에서 사람들에게 피해를 준다며
해서는 안 될 거지악(去之惡)이 되어버린 시간에
다른 곳에선 흡연자에게 자유를 빼앗으면
안 되는 것이다

기억한다
버스정류장에서 담배를 피워대는
사람들 사이로 사람들은 조용히
아픈 마음을 어루만져 주고 있던 것을

기억한다
아픈 연못에 돌팔매 하는 사람들에게
바다는 파도를 잠재워야 한다는 것을

무승부의 휘슬이 울리고
빈 맥주 컵과
수없이 밟힌 담배꽁초는
가을 하늘이 뚝뚝 내려와
파랗게 핀 잔디 위에서 춤을 출 때
귀가를 서두르는 사람들 얼굴에서
맑게 새겨난다

누이에게 단풍을

누이야
단풍 보러 가자

누이야
길 떠난 단풍 소식
전해 받으려면
일 년을 기다려야 한데

비 오지 말라고
오더라도
바람은 불지 말라고

단풍
길 떠나기 전에

예쁜 손 잡고
놓치지 않으려고
신신당부하건만

시샘하는 바람이 불면

누이야
누이 손
내년을 기약하자

인천 출생
『서울문학』 등단(2014년)
성동구민대학 시창작반 회원
성동구민대학 수필반 회원
왕십리문학회 회원
choiinnamsugang@hanmail.net

최 인 선

발자국 외 4편

최인선

하얀 새벽을 깨우는 종소리
이 집 저 집 문이 열리고
어머니 빠알간 손 위엔 김이 모락모락 나는 두부

굴뚝 연기, 눈송이와 뒤엉켜
미루나무 가지에 내려앉으면
웅크린 몸을 일으켜 하루를 채우는 자식들

장독대 위에도 마당에도 종종걸음에 움푹 파인
고무신 자국
고단한 몸 아랫목에 뉘이면
흰 눈도 어둠 속으로 잦아든다

처마 끝 오랫동안 머물던 고드름
후드득 떨어지면
겨우내 움 틔운 보리 싹
언 땅을 밀어내며 봄은 오고
겨울은 언제나 다시 오는데

꽃눈 내리던 오월 길 떠나신 어머니
발자국이 없어 못 돌아오시는가…

삶의 보따리

떨어지는 은행잎을 쫓던 눈길이
남루하고 고단해 보이는 한 여인 앞에 멈췄다

등에 매달린 큼직한 배낭에
덕지덕지 붙어 있는 청 테이프는
그녀 마음속 상처의 깊이를 말해준다

배낭 옆 고리에 주렁주렁 매달린 주머니
양손에 들린 색색의 비닐 보따리들
그 속엔 얼마큼의 아픔과 슬픔이 담겨 있을까

아니, 분홍색 보따리엔 꽃 같던 시절의 사랑과
행복했던 추억도 담겨 있겠지

삶의 무게에 짓눌려 등을 펴지 못하고
바람 부는 어둑한 길을 휘적거리며 가는 그녀
또 어떤 사연을 담으러 가는가

아버지의 약속

돌담 너머 담쟁이가 예쁜, 빨간 벽돌 이층집
발길을 멈추고 그 집 앞을 서성이면
새끼손가락을 걸고 약속을 했던 아버지

장맛비가 몹시 내리던 날
아버지와 빨간 집은 가슴속에 묻어야 했다

모든 것은 마른 꽃잎처럼 부서졌고
굽고 좁은 외길을 되새김하며
오십여 년을 살아왔어도
한 움큼 남아 있는 그리운 기억

아버지보다 늙은 딸은
옆집 포도나무 그늘에 앉아
벽돌공 손길 따라
아버지의 약속을 쌓아 올린다

추월이

지나가는 뭇 사내들 휘파람 소리
동네 아낙들 손가락질에
헤픈 웃음을 흘리며
길가에 핀 맨드라미 꽃보다 더 빨간 그녀가 온다

시장 어귀, 다닥다닥 붙어 있는 대폿집
어지러운 젓가락 장단에
헝겊 간판 자락이 너풀거리고

앞가슴을 풀어 헤친 그녀는
가슴 털을 뽑아 새끼를 보듬는 어미 새가 된다

달빛 측은한 밤
비틀대며 걷는 그녀의 손엔
내일 하루
먹거리가 떨어질 듯 흔들거린다

고깔

저고리 앞섶이 미어지는 아픔에
열두 폭 치마 겹겹이
슬픔에 젖어들었습니다

누가 알까 봐
온몸을 장삼으로 휘감고

긴 한삼 자락에 눈물을 담아
둘러치고 흩뿌리며
버선발이 닳도록 구르며
돌고 돌았습니다

그래도
감춰지지 않는 상처에 고깔을 씌웁니다

강원도 정선 출생
계간 『시세계』 시 부문 등단(2014년)
월간 『수필과 비평』 수필 부문 등단(2016년)
문학세계문인회 정회원
성동구민대학 시창작반 회원
왕십리문학회 회원
공저 『낯선 거리에서 들리는 소리』
kjbham8819@naver.com

함 응 식

가을 외 6편

함응식

봄부터 치열하게 살아온
삶의 여정 내려놓고
왔던 곳으로 돌아가야 할 시간
살아온 생을 결산한다

살아온 삶의 모습 달라
황금색으로 치장한 몸
온몸 피투성이 된 빨간 몸
많은 아픔에 자주색 멍든 몸
삶의 색깔 다르지만

사랑 미움 가슴에 엉켜 있고
한세상 끊임없이 끌어안은
삶의 흔적 무거워
허리가 구부러지네

왜 그리 애착이 컸던가
찬 바람 불면 미련 없이 두고
훨훨 날아 알몸으로 돌아갈 것을

노잣돈

세상 떠나는 날 입으려
만들어 놓은 어머니의 수의 속에
빳빳한 천원짜리 열다섯 장
황천강 건너는 뱃삯인가요

가는 길 멀어 허기진 배 채우려
음식 사드실 값 고이 간직했나요
황량한 길이라 목마를 때
물이라도 사려고 필요하셨나요

저승으로 건너가
아버지 만나고픈 생각에
준비해 놓은 수의 볼 때마다
가슴 아리게 흘러내리는
자식의 눈물은 안 보이던가요

빨간 장미

안개비 내리는 새벽
잠결에 부스스 일어나
하늘 향하여 얼굴 들고
촉촉하게 비를 맞는다

상큼한 얼굴에 미소 머금고
불어오는 바람에 살랑대는 고운 모습
달콤한 향기 코끝을 자극하네

붉은색 옷으로 치장한 장미여
빨간 립스틱 바르고
담장에 기대 긴 목 내밀고
누굴 기다리나

샘물

산 중턱 바위 아래 웅덩이로
동해바다 빛 얼굴 내밀고
지저귀는 새소리 흥겨워
아래로 졸졸 따라가네

흘러가던 구름은
지친 몸 뉘고
잠들어 있는데

지나가던 잠자리
심술 났는지
뒷다리로 살며시
얼굴 건드리니
구름은 깜짝 놀라
비틀거리며 달아나네

엄마의 사랑

살아야 한다는 건 의무다
자식을 지켜야 하는 모정
온몸 산산이 부서져도
새끼에 대한 보호 본능
삶을 지탱케 하는 끈이다

연약해 보여도
쓰러질 듯 가냘파도
자식을 보호해야 한다는 본능
불속인 줄 알면서도 뛰어든다
무엇으로도 끊을 수 없는
자식 사랑

죽음보다도 더 큰
무의식 속에 있는 사랑
오롯이 가슴속에서
영원히 꺼지지 않는
불멸의 불꽃
엄마의 사랑

우리는 친구니까

너는 힘들어도
아무렇지도 않은 척
아낌없이 주었지
미안해 하는 내게
친구니까
미안해 하지 마
아무 말 하지 마

따뜻한 말로 위로해
돌밭 같은 내 마음
좋은 땅으로 만들어 주었지
왜 잘 해주니
네게 잘 해주지 못했는데
우리는 친구니까
너는 말했어

햇살을 먹다

가을바람이
차갑게 분다
공원 의자에 앉아
보는 하늘은
푸르다 못해
시리다

차가운 허공을 뚫고
햇살이
소낙비처럼 쏟아진다
살며시 입 벌리고
한 입 베어 무니
따뜻한 기운이
온몸으로 퍼진다

상처 난 햇살에서
달짝지근한 과즙이
뚝뚝
땅으로 떨어진다

월간 『문학세계』 시 부문 등단(2017년)
문학세계문인회 정회원
성동구민대학 시창작반 회원
왕십리문학회 회원
폭력예방통합교육연구소 소장
hsyel711@hanmail.net

허성열

손가락 동그라미 외 5편

허성열

아내 생일이 돌아오는 날
선물을 고르기가 어려운 나에게
아내는
엄지와 검지를 둥그렇게 말아
손 세운 해법이라고 하며
한쪽 눈을 찡긋
미소 지었습니다

명품 가방도
다이아몬드 보석도
불타는 청춘의 장미도 아닌
손가락 동그라미

아내에 대한 품격과
푼돈이 모아진
비밀통장 잔고를 어림하다

싸리꽃 한 송이에도
감격해 하던
그 옛날
나의 예쁜 신부를
살며시 불러봅니다

폭염

폭염경보가 발령된 7월 어느 날
중랑천 꽃길 맞은편
산업폐기물 건설폐기물 처리장에
한 사내가 포크레인을 운전하고 있다

국방색 바지와 검정 반팔 티
챙이 둥글고 얼룩덜룩한 낚시꾼 모자
땀과 먼지가 뒤범벅된 검은 얼굴

포크레인의 검은 집게가
오르내리며 오므렸다 펴질 때
포탄처럼 쏟아지는 희뿌연 흙먼지

가난을 대물림한 부모에 대한 원망도
뙤약볕에 내몰린 자신에 대한 자학도
포크레인 집게에 던져지는
아픈 지난날이 흩어진다

한낮의 태양은 뜨거운데
청둥오리 떼
유유히 물결을 탄다

등 좀 밀어주세요

막일하는 아저씨도
박스 줍는 노인네도
시달린 몸 이끌고 찾아가는
허름한 동네 목욕탕

수증기 자욱한 목욕탕에는
가난을 벗겨내는 사람들이 어우러져
어렴풋한 그림 동화 한 점이 됩니다

온탕에서 나와 자리를 잡는데
웬 젊은 청년 한 명 다가와
"선생님, 제 등 좀 밀어줄 수 있어요?"
눈치 살피며 왜소한 등을 내 앞에 내밀었습니다

요즘 같은 세상에
누가 등을 밀어 달라고 아쉬운 소리 할까
아득한 옛 기억 떠올라
내 앞에 앉히고 등을 밀었습니다

나이를 묻고 고향을 묻고
직업을 물었습니다

낮은 목소리로 고분고분 대답하는 작은 청년
등에도 팔에도 모진 세월이 배어 있었습니다

고난의 흔적들을 지워주고
상처 난 마음들을 보듬어주고
아비가 아들 등을 밀어줍니다
아들이 아비 등을 밀어줍니다

가난하고 서러운 마음
따뜻한 목욕탕이
다정히 안아주었습니다

키 작음에 대하여

테니스 코트 라커 룸에서
이제 운동을 끝낸
중년의 아주머니가
누군가와 통화를 한다

"나와 함께 운동하는 분 중에 장가 안 간 아들이 있대
나한테 좋은 아가씨 없냐고 묻길래
네 딸이 생각나서 전화했어"

"국세청에 다닌대
우리나라 4대 권력기관 중 하나지 뭐"

"나이는 서른다섯이야
그 정도면 딱 좋지 않아?"

"인물도 잘생기고
집안도 괜찮게 산대"

"키는…
조금 작은가 봐
70 조금 안 된다나…"

……

"어~ 전화가 끊어졌네"

봄볕이 반짝이는
하얀 코트장에는
키 작은 노총각 총무가
보란 듯이
팔을 높이 올려 점프하며
강 스매싱한다

노약자석

지하철을 타면
칸과 칸을 연결하는 후미진 가장자리에
2명이 앉으면 넉넉히 앉을 수 있고
3명이 앉으면 조금은 불편한
할머니 할아버지들도 서로 눈치 보며 앉는
노약자석이 있다

머리가 희끗희끗하다
눈빛이 흐릿흐릿하다
주름살이 덕지덕지하다
허리가 구붓구붓하다
대머리가 반들반들하다
서로를 곁눈질하며 나이를 가늠하는
세월의 자리이다

이른 새벽 늦은 밤
새벽잠이 겨운 사람
술에 취해 흔들리는 사람
비스듬히 걸쳐 앉는
안식의 자리이기도 하다

따스한 봄날
철 지난 옷에 적당히 멋을 낸
어르신들 한 분 두 분 자리에 앉으면
종착지는 종로 3가

한때는 새 나라의 주역
산업 전선의 최선봉장
피와 땀과 눈물을 머금었던
우리들의 아버지가
따스한 자리의 온기를 남기고
슬며시 자리를 뜨는
노약자석

이제
그 자리가 눈앞에 어리다

행당동 아침

서늘한 바람 한 줄기
아침 신문 분주한 발걸음
하얀 우유병 작은 손
기지개 켜는 경비 아저씨

쓰레기 치우는 녹색 청소차
새벽시장을 향한 주름진 얼굴
덜 깬 잠 싣고 가는 마을버스

따스한 아침
차 한 잔 나누고 싶다

부산 출생
신라대학교 문헌정보학과 졸업
순천대학교 대학원 석사 졸업
부산대학교 의과대학 사서 2년 근무
성동구민대학 시창작반 회원
왕십리문학회 회원
hsoonyoung02@naver.com

홍순영

경희궁 외 6편

홍순영

고고한 자태로
서 있는 너를 만나고

반가움보다 외로웠을
너의 아픔을 읽는다

사랑했던 많은 이들
세월의 강물 속에 떠나보내고

사백 년 액자에 담긴 숱한 기억들마저
퇴색된 너의 모습에

소리 없이 저려오는
고통이 자물쇠로 채워진다

노숙자

전철 역사 안에서
입구로 향하는 계단을 오르면

온몸을 비비듯 휘감은
골목 찬 바람이
겨울 가슴으로 만든다

낙엽처럼 차가운 바닥에
널브러진 남루한 세상과 마주치면

차마 주체할 수 없는 연민은
소리 없는 진눈깨비로 얼어 버렸다

참선방

누가 있을까 싶어
아주 조심히 문을 연다
적막을 깨울까
까치발로 살금살금

아무도 없는 반가움에
미소가 띄워져도
가지런히 줄지어 있는
잿빛의 방석들만 칼날처럼 매섭다

누굴까 궁금해서
빼꼼히 내밀던 마음들은
밤 되어 귀가해 버리고

딱지처럼 접혀 있던
내 마음 오롯이
펼 수 있게 해준 넌
내 참사랑이다

시험

옛 모습일거라곤 기대하진 않지만
너를 만나려는 설렘은
궁핍한 두려움으로 내 마음을 짓누른다

널 잊고 지낸 세월이 얼마 만인가
밤잠을 설친 우리의 해후는
발그레한 새악시 볼처럼 달아오르고

난 어느새 너의 연인인 양
콩닥거리는 떨림 속에 푹 빠져 있다

걱정 반 아쉬움 반으로
갈피를 못 잡은 나를 보고
넌 지금 빙긋이 웃고 있다

겨울 산

영하 17도
춥다고 살려달라는 나목들의
애원과 절규가 귓전을 맴돌아

숨이 차오르고
등에 땀이 흠뻑 젖는 것도 잊은 채
쉼 없이 산을 오른다

그들의 마음도 아랑곳하지 않고
다녀간 오솔길엔
누군가 할퀴듯 상처를 내고 간
날카로운 덧신들의 흔적만 남아 있다

어느새 재색의 죽염 같은
거무튀튀한 얼음 파편들이
내 심장 한가운데 비수 되어 꽂히고

따뜻한 순백의 증편의 눈들이
환한 미소로 날 위로한다

어여쁨에 행여 상처라도 낼까
조심하는 마음 위에
갈색 낙엽들이 고명처럼
여기저기 누워 있다

철로

한눈팔지 않고 앞만 보고 달리는
단조로운 여정에 지쳐
정거장에 잠시 멈추면

지척에 너를 두고도
안을 수도 기댈 수도 없이
그저 바라만 볼 뿐이구나

우린 언제 만나 차도 마시고
따뜻한 시간을 함께 나눌 수 있을까

돌멩이같이 차가운 시선들을 외면한 채
우리의 사랑이 모닥불처럼
활활 타오르기 소망하지만

너와 나 늘 무슨 생각하며
어제처럼 오늘도 짝사랑만 하고 있는 거니

패러글라이딩

드넓은 푸른 창공은
추운 겨울에도
무지개 빛
치아를 드러내듯

빨, 주, 노, 초, 파, 남, 보
화려한 수를 놓고 있다

우연한 만남에
한층 더 기뻐했던 걸까

우린 생각지도 못한
너의 변신을 보고
반가운 비명을 지른다

갈 길도 잊고
추위도 잊고
아이처럼 마냥
손 흔들며 팔짝팔짝 뛰니

넌 더 신나 하며
팔색조처럼 우주를 껴안 듯
맘껏 나래를 펼치고 있다

윤동주문학관과 김수영문학관을 찾아서

편집부

1. 윤동주문학관

① 출발

2016년 11월 18일 금요일 오전 11시 30분, 성동구민대학 시 창작 교실 회원들은 3호선 경복궁역 3번 출구 안에서 모여 점심식사를 마치고 문학관으로 이동하기로 했다.

참석하신 분은 유병란 총무, 강기영 님, 권항기 님, 김옥자 님, 김정희 님, 김현주 님, 온혜영, 이명희 님, 허성열 님, 그리고 윤제철 지도교수였다. 윤효숙 님은 현장에서 합류하기로 했다. 오시기로 약속하셨던 김상환 님과 최인선 님은 뜻하지 않은 일로 못 오셨다.

오전 11시 50분쯤 경복궁역에서 나와 마마 설렁탕집으로 들어가 점심을 먹었다. 권항기 님께서 선뜻 식대를 내주신다는 선언에 분위기가 훨씬 화기가 돌았다. 깍두기와 배추김치 등 밑반찬이 나오면서 설렁탕과 밥이 들어와 대화가 오갔고 모처럼의 야외탐방이 활기를 띄었다.

경복궁역 버스정류장에서 1020번 버스를 타고 문학관으로 달렸다. 다른 지역 문학관과는 달리 조용하지만 문학의 감동을 온전히 느낄 수 있는 문학관이 있었다.

종로구 청운동에 자리한 윤동주문학관이 바로 그곳이다. 청와대 옆길을 지나 부암동으로 넘어가는 길목에 한양 도성 4소문(小門) 중 하나인 창의문 바로 건너편에 있는 흰색 건물이 윤동주문학관이다.

부암동과 청운동이 맞붙어 있는 이곳은 서촌의 끝이다. 서촌은 조선시대 중인들의 문학인 위항문학이 꽃핀 곳이었고, 1930년대부터는 화가 이중섭과 이상범, 시인 노천명과 윤동주와 이상, 소설가 현진건 등 근대 지성인들과 예술가들이 모여 살았다. 윤동주는 당시 연세대학교의 전신인 연희전문학교를 다녔는데, 태평양전쟁으로 기숙사의 식사가 부실해지자, 종로구 누상동에 살던 소설가 김송의 집에서 하숙했다고 한다. 같이 하숙했던 후배 정병욱은 윤동주가 김송의 가족과 함께 식사도 하고, 친구들과 대청에 앉아 차를 마시는가 하면, 성악가였던 김송 아내의 아름다운 노래를 듣기도 했다고 한다. 시인 윤동주에게는 서촌에서 지낸 이 시기가 황금기였다고도 할 수 있다. 그 인연으로 문학관을 이곳에 세운 것이다.

윤동주문학관은 바로 이 언덕 입구에 있다. 2009년까지 수도 가압장으로 사용하던 건물이다. 용도를 다하면서 시인의 언덕과 윤동주를 연계하여 이 지역을 활성화하기 위해 고심하던 종로구는 수도가압장의 기계실이자 관리 사무실로 사용되던 건물을 '윤동주문학관'으로 임시 사용하게 되었다. 하지만 말이 문학관이지 허름한 1층짜리 콘크리트 건물에 간판만 바꿔 단 격이었다. 그러다 2011년 6월 건축가 이소진(아뜰리에 리옹 서울 대표)에게 설계를 맡기게 되었다.

② 윤동주 시인

1917년 12월 30일 태어나 1945년 2월 16일 사망하였다. 연희전문학교 졸업, 1936년 월간 『카톨릭 소년』에 동시 「병아리」로 데뷔, '죽는 날까지 하늘을 우러러 한 점 부끄럼이 없기를 잎새에 이는 바람에도 괴로워했던' 시인 윤동주. 그의 생애는 짧았지만 음울하고 가혹한 시대 상황 속에서 반드시 여명은 오리라 믿고 써내려간 주옥같은 시어들은 오늘날까지 '해맑은 영혼의 징표'로 남아 있다.

최근 학계 일각에서는 윤동주를 '일제 말기 독립의식을 고취한 애국적 시인'으로 평가하고 있다. 그러나 생전에 그는 유명 시인도 아니었고 독립투쟁의 목소리를 높이던 열혈 청년도 아니었다. 하지만 그가 남긴 100여 편의 시는 '진실한 자기성찰을 바탕으로 순수하고 참다운 인간의 본성을 되새기게 함'으로써 후인들에게 깊은 감동을 주고 있다.

윤동주(尹東柱)는 1917년 12월 30일 만주국 간도성 화룡현 명동촌에서 명동학교 교원이었던 아버지 윤영석과 어머니 김용의 3남 1녀 중 맏아들로 태어났다. 본관은 파평(坡平), 아명은 해환(海煥)이다. 그가 태어나기 석 달 전이었던 9월 28일, 친정에서 살던 고모 윤신영이

아들 송몽규를 낳았다. 고종사촌 관계인 윤동주와 송몽규는 그렇듯 한집에서 태어나 후일 죽음에 이르기까지 평생의 동반자가 되었다.

③ 윤동주 시인의 성격이 잘 드러나 있는 시 「자화상(畵像自)」

산모퉁이를 돌아 논가 외딴 우물을 홀로 찾아가선 가만히 들여다봅니다.// 우물 속에는 달이 밝고 구름이 흐르고 하늘이 펼치고 파아란 바람이 불고/ 가을이 있습니다.// 그리고 한 사나이가 있습니다./ 어쩐지 그 사나이가 미워져 돌아갑니다.// 돌아가다 생각하니 그 사나이가 가엾어집니다./ 도로 가 들여다보니 사나이는 그대로 있습니다.// 다시 그 사나이가 미워져 돌아갑니다./ 돌아가다 생각하니 그 사나이가 그리워집니다.// 우물 속에는 달이 밝고 구름이 흐르고 하늘이 펼치고 파아란 바람이 불고 가을이 있고 추억(追憶)처럼 사나이가 있습니다.

— 윤동주, 「자화상(畵像自)」 전문
*1939년 9월 시집 『하늘과 바람과 별과 시』에서

윤동주의 '내면성찰에 관한 시들' 중에 가장 인상 깊은 작품이다. 산모퉁이를 돌고 돌 만큼 힘들게 자아성찰을 하며 찾아간 우물 속에 "달이 밝고 구름이 흐르고 하늘이 펼치고 파아란 바람이 불고 가을이 있"다는 표현에서 서정적이면서도 윤동주의 내면을 거울에 비추듯 투명하게 표현했다. 또 그 풍경을 자연스럽게 물 흐르듯 표현한 것에서 흘러왔고 지금도 흘러가는 시간을 효과적으로 묘사했다.

자기 자신을 시에 등장시켜 생소하면서도 내면성찰을 매우 효과적으로 드러내고 있다. 바로 '한 사나이의 등장과 그 사나이에 대한 반응' 이다. '그 사나이가 미워져 돌아갔다가 다시 돌아오는 행위를 반복하는 표현' 자기 자신에 대하여 가엾어지고 미워지고 그리워지는 전개에서 끊임없이 자기 성찰을 하는 모습을 굉장히 차분하게 표현했다.

마지막 연에서 "추억처럼 사나이가 있습니다."라는 표현은 언어선택의 백미라 할 수 있다. 처음에는 미워졌던 자기 자신이 추억처럼 있다는 것에서 '자신이 원하는 내면으로 갈고 닦는 의미' 로 나타난다. 이 처럼 자신의 내면성찰을 서정적이고 차분한 어조로 표현한 것이 '윤동주의 성격이 잘 드러나 있는 시' 라 할 수 있다.

④ 나오는 글

애국이란 반드시 나라를 위해 전쟁터에 총을 들고 나가 싸우거나 올림픽에 출전해 메달을 따오는 것만이 아니다. 독립운동에 나서지 못해 안타까워하고 자신을 반성하며 깊이 살폈던 윤동주 시인을 생각하면서, 자신이 쓴 시를 통하여 독립의식을 고취한 애국적 시인이라 평가하고 싶다. 독립된 나라에서 경제적 번영을 누리며 살고 있는 오늘날에도 국민은 맡은 일에 최선을 다하는 것이 애국이라 할 수 있다.

어려운 시국에 직면해 있는 요즘에도 현실을 직시하고 허무맹랑한 유언비어에 현혹되어 우왕좌왕해서는 안 될 것이다. 현명한 판단으로 국익에 보탬이 되는 역할을 해야 한다. 당장 눈앞에 벌어진 일에 대한 수습에 허둥대지 말고 다시는 잘못되지 않도록 마음가짐을 단단히 하는 계기로 삼고 윤택한 생활을 보전하도록 힘써야 할 것이다.

2. 김수영문학관

① 출발

2017년 5월 19일 금요일이었다. 감춰놓은 보물이라도 찾는 듯 발길을 자연스레 들여놓고 보니 안성맞춤이었다. 최인남 회장님께서 점심식사를 내셨다. 양도 좋고 맛깔스러운 명품식당이었다. 격을 맞추어 커피전문점 '빈트리 이백이십오' 방학점에 들렀다. 차 한 잔 마시고 바로 일어나 문학관으로 갈 예정이었지만 간단히 준비한 자료를 회원님들께 나누어 드리고 '김수영 시인'이란 주제로 강의를 듣기에 좋은 공간은 더 이상 없었다.

② 김수영 시인

본관은 김해(金海). 서울 출생인 김수영 시인(1921~1968)은 지주였던 아버지 김태욱(金泰旭)과 어머니 안형순(安亨順) 사이에서 장남으로 태어났다. 1941년 선린상업학교를 졸업하고, 일본으로 가서 도쿄상과대학 전문부에 입학하였다. 1943년 징집을 피해 귀국하여, 1944년 가족과 함께 만주 길림성(吉林省)으로 이주하였다. 그곳에서 교원생활과 연극운동을 하였다. 광복 후 연희전문학교 영문과 4년에 편입하였으나 중퇴하였다.

북한의 남침으로 미처 피난하지 못한 그는 북한군에 징집되었다가 거제도 포로수용소에서 석방되었다. 그 뒤 미군통역생활도 하고 평화신문사 문화부차장 등 여러 직장을 전전하였으나, 1956년 이후부터는 시작과 번역에만 전념하다가 1968년 교통사고로 사망하였다.

그의 작품 활동은 1945년 문예지 『예술부락(藝術部落)』에 시 「묘정(廟庭)의 노래」를 발표하면서 시작되었

다. 1950년대 후반부터는 모더니스트들이 지닌 관념적 생경성을 벗어나 격변하는 시대 속에서 겪어야 했던 지적 방황과 번민을 풍자적이며 지적인 언어로 시화하였다. 1959년에 간행된 『달나라의 장난』은 이 시기의 시적 성과를 수록한 첫 개인시집이다. 1950년대의 지적 번민 속에서 성숙해온 그가 본격적인 자신의 세계를 구축할 수 있었던 계기가 된 것은 1960년의 4월 의거이다. 여기서 그는 평등한 삶을 실현하고자 하는 자유를 위한 혁명에서 시적 열정을 얻는다. 강렬한 현실비판의식과 저항정신에 뿌리박은 시적 탐구는 그로 하여금 1960년대 참여파 시인들의 전위적 구실을 담당하게 했다.

그는 현실의 억압과 좌절 속에서 일어서고자 하였던 1960년대의 대표적인 시인의 한 사람이며 현실참여의 생경하지 않은 목소리를 보여줌으로써 1970년대는 물론 1980년대까지 강력한 영향을 미친 시인이라 할 수 있다. 대표 시 중에 하나인 「풀」을 알아보기로 한다.

풀이 눕는다/ 비를 몰아오는 동풍에 나부껴/ 풀은 눕고 / 드디어 울었다/ 날이 흐려서 더 울다가/ 다시 누웠다// 풀이 눕는다/ 바람보다도 더 빨리 눕는다/ 바람보다도 더 빨리 울고/ 바람보다 먼저 일어난다// 날이 흐리고 풀이 눕는다/ 발목까지/ 발밑까지 눕는다/ 바람보다 늦게 누워도/ 바람보다 먼저 일어나고/ 바람보다 늦게 울어도/ 바람보다 먼저 웃는다/ 날이 흐리고 풀뿌리가 눕는다

— 김수영, 「풀」 전문

이 시는 '풀' 과 '바람' 이라는 서로 대립되는 이미지의 반복과 갈등을 통해 구성된다. '풀' 은 여리고 상처받기 쉽지만 동시에 어떠한 힘에 의해서도 죽지 않는 강인한 생명력 곧 민중의 강인한 생명력을 상징한다 할 수 있다. '바람' 은 풀을 시련에 들게 하는 상징적 존재이다. 풀을 괴롭힌다는 의미에서 강한 부정성을 드러내지만 이를 통해 풀의 생명력을 보여주는 매개체이기도 하다.

③ 김수영문학관

문학관 앞에서 일행은 전문 사진작가이신 정통원 회원님의 수고로 훌륭한 기념사진을 남길 수 있었다. 남에게 보여줄 수 있는 포즈도 배우면서 즐거움을 만끽하며 마음의 준비를 단단히 하고 문학관에 들어섰다.

도봉구청에서 설립하여 관리하고 있는 문학관은 전시실이 1, 2층에 있었고 작은 도서관(아동열람실)이 3층, 대강당(각종 세미나, 시낭송회 등 대관 신청 시 무료 제공(음향시설, 책상 및 의자 등 구비))이 4층, 그리고 5층 옥상에는 옥외쉼터 및 휴게 공간이 마련되었고 건물 한 동 규모로 정성이 가득 담겨 있었다. 제1전시실에는 시와 평론 중심으로 전시자료와 영상, 시작(詩作), 낭독 녹음실, 감상메모, 그리고 수장고와 사무실이 있고, 제2전

시실에는 산문 및 일상유물 중심으로 전시자료와 김수영 서재, 독서대, 영상, 검색대가 설치되었다.

나의 시에 대한 사유(思惟)는 아직도 그것을 공개할 만한 명확한 것이 못 된다. 그리고 그것을 조금도 부끄럽게 생각하고 있지 않다. 이러한 나의 모호성은 시작(詩作)을 위한 나의 정신구조의 상부 중세서도 가장 첨단의 부분을 차지하고 있는 것이고, 이것이 없이는 무한대의 혼돈에의 접근을 위한 유일한 도구를 상실하는 것이 되기 때문이다.

가령 교회당의 뾰족탑을 생각해 볼 때, 시의 탐침(探針)은 그 끝에 달린 십자가의 십자의 상반부의 창끝이고, 십자가의 하반부에서부터 까마아득한 주춧돌 밑까지의 건축의 실체의 부분이 우리들의 의식에서 아무리 정연하게 정비되어 있다 하더라도, 시작상(詩作上)으로는 그러한 명석(明晳)의 개진은 아무런 보탬이 못 되고 오히려 방해가 되는 것이다. 시인은 시를 쓰는 사람이지 시를 논하는 사람이 아니며, 막상 시를 논하게 되는 때에도 그는 시를 쓰듯이 논해야 할 것이다.

— 김수영, 「시여, 침을 뱉어라」 일부

특히 김현승 시인은 김수영 시인에 대해 "폭탄과 교훈과 시사를 한국시단에 던지던 김수영은 너무도 아깝게 너무도 일찍 가고 말았다. 그는 과거에 만족하는 시인이 아니었다. 언제나 앞을 내다보고 오늘의 정체를 극복하려고 노력하는 자기만족을 모르는 시인이었다. 보수주의자들에게는 무모한 시인이라 불리었고, 안일을 일삼는 사람에게는 자못 전투적이라는 지적을 받았고, 소심

한 사람들로부터는 심지어 위험하다고까지 오해를 받으면서도 그는 자기의 소신대로 오늘의 한국시에 문제를 던지고 그것들의 해결을 위하여 가장 과감한 시적 행동을 보여주던 투명하고 정직한 시인이었다."고 회고했다.

④ 나오는 글

한국문학의 대표적 자유시인인 김수영 시인이 생전에 시작(詩作) 생활을 하였던 도봉구에는 그의 본가와 묘, 시비가 있다. 도봉산으로 이어지는 북한산 둘레길과 더불어 자연과 문학이 어우러지는 문화공간을 제공하고자 도봉구에서 김수영문학관을 건립하여 2013년 11월 27일에 개관하였다.

강의실에서 보내던 시간을 벗어나 푸른 5월을 만나 신선함과 편안함을 동시에 맛본 하루였다. 먼저 시문학 창작의 길을 걸었던 선배 시인의 활동을 찾아보고 시도했던 방법이나 남긴 흔적들을 바탕으로 새로운 창작세계를 여는 것이 후배들의 사명일 것이다.

창작을 한다는 것은 지나간 과거에 못 했던 일을 한다는 구실로 과거의 추억에 안주하는 일로 만족할 것이 아니라 보다 발전된 미래를 여는 데 의미를 두어야 할 것이다. 한국문학사적 흐름에 편승하면서 지극히 일부라 하더라도 무언가 족적을 남길 수 있겠다는 꿈을 가져봄도 오늘의 김수영문학관 관람의 의의가 아닐까 여겨볼 만하다.

편 집 후 기

기억 저편에 가물가물 남아 있는 시를 생각하며 내 나이 반평생 넘어 시를 공부하게 되었다. 욕심이 앞서 가슴앓이를 많이도 했다. 그릇을 비우듯 마음을 쏟아냈고 가슴속에 맺힌 것을 풀어냈다. 가다가 멈추고 멈추었다가 다시 가는 시정(詩情)의 길이 어렵기만 하다. 초봄으로 넘어가는 여릿여릿한 햇빛이 엷게 깔린 살얼음처럼 반짝인다. 우리 글벗들의 앞날도 그렇게 빛날 것이다. ■최인선

시향에 젖어 삶의 여정을 진솔하게 펼쳐 보았다. 시는 내게 있어서 그리움이었나 보다. 깊은 산속 옹달샘처럼 달콤함 그 자체다. 맑고 향기로움을 음미하고 싶다. ■김희정

쓰르라미 나직이 울고 사르르 깔리는 가을밤 소년은 꿈을 꾸었다. 맑고 곱고 푸르른 소중한 꿈을 가슴에 꼬옥 안았다. 외로운 소년의 작은 창가에 둥그런 호롱불 켜지고 소월 영랑 백석이 찾아왔다. 말하지 못했던 우리들의 소중한 꿈 이제 하나둘 펼쳐 보인다. 함께 동행하는 시우들의 다정한 이야기들이 정겹다. 이제 우리들의 노래가 '시향에 젖어 꿈을 펼치다' ■허성열

시향에 젖어 꿈을 펼치다 — 왕십리문학 제2호

왕십리문학회

인쇄 1판 1쇄 2018년 3월 9일
발행 1판 1쇄 2018년 3월 16일

지 은 이 : 왕십리문학회
펴 낸 이 : 김천우
펴 낸 곳 : 도서출판 천우
등 록 : 1992. 2. 15. 제1-1307호
주 소 : 서울시 성동구 무학봉28길 6 금융빌딩 2F
전 화 : 02)2298-7661
팩 스 : 02)2298-7665
http://moonhak.wla.or.kr
E-mail : chunwo@hanmail.net

값 9,000원

ISBN 978-89-7954-712-2